AF249567

NOTICE

SUR

M. BOURGUIN

MEMBRE DE LA SOCIÉTÉ PHILOTECHNIQUE

PAR

Emile LOUBENS

Archiviste honoraire de la Société Philotechnique

Être utile.

PARIS

J. ÉLIE GAUGUET, LIBRAIRE-ÉDITEUR

36, RUE DE SEINE, 36

—

1882

NOTICE

SUR

M. BOURGUIN

Après la mort de M. Bourguin, l'un des membres que la Société Philotechnique a le plus regrettés, cette Compagnie a chargé son archiviste honoraire de rédiger la présente Notice, à laquelle, après lecture faite, elle a donné son approbation.

Louis-Auguste BOURGUIN

Né à Charleville (Ardennes), le 18 mai 1800.

HOMMAGE

A LA SOCIÉTÉ PHILOTECHNIQUE

DE PARIS

NOTICE

SUR

M. BOURGUIN

MEMBRE DE LA SOCIÉTÉ PHILOTECHNIQUE

PAR

Emile LOUBENS

Archiviste honoraire de la Société Philotechnique

Être utile.

PARIS

J. ÉLIE GAUGUET, LIBRAIRE-ÉDITEUR

36, RUE DE SEINE, 36

—

1882

NOTICE

SUR

M. BOURGUIN

ANCIEN MAGISTRAT

Membre de la Société Philotechnique.

Dans une société littéraire, des liens d'affection s'établissent facilement entre tous les membres. Une bienveillance générale les rapproche. Cependant, à côté de ce sentiment surgissent des sympathies particulières, qui se tournent en liaisons intimes avec quelques-uns. Captivé par l'attrait des caractères, par l'allure des esprits, par des communications plus fréquentes, on s'attache à celui-ci ou à celui-là, de telle sorte que, dans une réunion, où chacun est heureux de se trouver en bonne compagnie, chacun aussi incline vers le confrère chez lequel il rencontre un accord complet avec sa façon de voir et de sentir.

Ainsi un homme a parfois le privilège d'exercer sur les autres une telle influence que ceux-ci le recherchent de tous côtés, malgré leurs tendances diverses.

M. Bourguin a été cet homme. Dans notre société, les esprits convergeaient vers le sien ; tous les cœurs étaient à lui. Aussi la mort de ce bon et si distingué confrère n'a provoqué parmi nous qu'une seule exclamation : C'est une perte irréparable !

Sans doute, son âge pouvait inspirer des inquiétudes sur la durée de sa présence au milieu de nous, mais les apparences justifiaient l'espoir de le conserver plus longtemps. Sa santé paraissait florissante ; son humeur était toujours égale et gracieuse ; son intelligence avait toute la lucidité des années antérieures. Il a fallu qu'une maladie, trop souvent fatale, fondît sur lui tout à coup et amenât une fin que nous avons regardée comme prématurée.

Il ne nous reste de lui que des souvenirs. Nous allons les rassembler, pour conserver dans nos réunions sa mémoire toujours vivante.

C'est en 1842 que M. Bourguin a été reçu dans la Société. Au courant d'une séance publique, M. Berville, secrétaire perpétuel, annonçait ainsi son admission :

« Le diplôme d'associé correspondant, disait-il, a été mérité par M. Bourguin, juge de paix à Sedan, qui sait mêler la douceur des études poétiques au sérieux des fonctions du magistrat. Il s'est présenté à nous avec un Recueil de fables, où l'on trouve des sujets agréables et ingénieux, embellis de traits spirituels et revêtus d'une poésie pure et facile. M. Bourguin est de plus auteur d'une *Flore* inédite du département des Ardennes. »

En 1857, le même orateur reprenait l'éloge de M. Bourguin, en annonçant que, par le fait du séjour à Paris de notre correspondant, celui-ci devenait membre résidant. M. Berville s'exprimait alors en ces termes :

« M. Bourguin, magistrat et poète, deux titres rarement unis, nous appartenait déjà par les liens de la correspondance, avant de prendre place au milieu de nous. Poésie et jurisprudence, voilà de quoi sans doute remplir une existence tout entière. Pourtant, M. Bourguin a trouvé du temps pour cultiver les sciences. Il a écrit sur l'histoire naturelle. Il a raconté les inventions merveilleuses qui ont signalé cette première moitié du dix-neuvième siècle. Revenu à la littérature, il a tracé la biographie du grand chansonnier, du grand poète, dont Paris a récemment suivi les funérailles. Fixé maintenant dans cette capitale, M. Bourguin a désiré s'unir à nous par un lien plus intime, et la Société s'est trouvée heureuse d'appeler dans son sein, non

1.

pas seulement un homme de talent, mais un homme dont les qualités sociales lui promettent des relations pleines de douceur et d'aménité. »

Dans sa dernière phrase, M. Berville augurait bien heureusement de l'avenir. En effet, quelles relations eurent plus de douceur et d'aménité que celles de M. Bourguin avec ses confrères?

Le récit de sa vie et de ses travaux fera comprendre le prix que tous nous avons attaché à son aimable commerce.

M. Louis-Auguste Bourguin est né à Charleville, département des Ardennes, le 18 mai 1800. Nous l'avons perdu le 20 mars 1880.

Il était fils de Mathieu-Henry-Marie Bourguin, avocat, et de Madeleine-Laurence Ybert, tous les deux natifs de Sedan. Son père, décédé à Charleville, le 29 juin 1803, laissa à sa veuve peu de ressources et deux enfants à élever : une fille et un garçon. Cette dame alla se fixer à Sedan, où elle entreprit un petit commerce de rouennerie, qui lui permit de pourvoir à l'éducation de ses enfants. Auguste suivit les classes du collège de Sedan, fit de bonnes études et obtint de beaux succès. En 1818, il vint faire son droit à Paris. En 1821, il revint à Sedan avec le grade de licencié en droit. Sa santé, qui avait toujours été délicate, ne pouvait suffire aux travaux et aux fatigues du barreau. Il tourna ses vues vers le notariat, auquel il renonça à la révolution de 1830. Le 19 octobre de cette année, son caractère, son esprit, son savoir juridique et littéraire, appréciés dans la meilleure société de la ville, attirèrent sur lui la faveur publique, il fut nommé membre du conseil municipal, dont il devint ensuite secrétaire. On voulut en faire un représentant du peuple, il ne lui manqua qu'un petit nombre de voix pour être élu. Le 25 janvier 1832, il fut appelé à la suppléance de la justice de paix du canton sud de Sedan, puis il fut juge titulaire le 11 août 1833. Il exerça ces honorables fonctions jusqu'en 1848, où l'état de sa santé le força d'y renoncer, et de chercher à Paris un climat moins rude que celui des Ardennes.

Pour son début à Paris, il accepte la mission de commissaire du bureau de bienfaisance dans le quartier de l'Ecole de médecine. Dès lors il prend pour règle de vie cette devise : Être utile.

Son amour du prochain l'introduit dans plusieurs associations charitables. Ainsi il devient membre de la Société d'éducation et d'assistance des sourds-muets, de la compagnie formée pour l'établissement des jardins d'enfants, des réunions philanthropiques, dont le but est l'enseignement professionnel des femmes. Il s'unit aux entreprises suivantes : la protection de l'enfance, celle des animaux, la direction des crèches, l'enseignement simultané des sourds-muets et des entendants-parlants, l'acclimation des végétaux et des animaux étrangers, l'alimentation par la viande de cheval, la lutte contre l'abus du tabac et des boissons alcooliques.

Ses inclinations littéraires le mettent en rapport avec la Société des gens de lettres, avec l'Académie de Reims, la Société d'émulation des Vosges, la Société Linnéenne de Maine-et-Loire, le Cercle de Neuilly-sur-Seine.

Dans la Société Philotechnique, il est au nombre des membres les plus laborieux et les plus assidus. Il y est élu président en 1865.

Le concours qu'il donnait aux compagnies dont il était l'associé ne lassait pas son zèle. Il ménageait si bien l'emploi de son temps que chaque heure avait sa destination, qu'à chaque journée était attribué un travail, une excursion ou un voyage. En faisant le compte des courses qu'il entreprit en France, en Angleterre, en Allemagne, en Italie, en Belgique, en Hollande, en Suisse, en Algérie, je trouve qu'il quitta Sedan ou Paris quarante fois pour rechercher des connaissances utiles et souvent pour rendre des services à des parents ou à des amis.

Revenu à sa table de travail, il composait les livres charmants qui ont rendu son nom populaire.

Chacun de ces ouvrages, tirés à deux mille exemplaires, a eu plusieurs éditions. Ainsi le *Petit Livre
de morale* en a eu huit; les *Entretiens sur les animaux utiles* en ont eu treize. Le premier de ces
livres a fourni dix-huit mille exemplaires, le second
quarante-sept mille. La notice sur Béranger a été
tirée à vingt mille. Quelques-unes des publications
de M. Bourguin ont été réimprimées à l'étranger;
on en a fait des traductions en hollandais, en alle-
mand, en danois.

Partout où l'on réclamait sa coopération, il payait
son contingent par des articles spéciaux et inédits.
Là il exposait le mécanisme de la phonomimie; ici
il donnait un mémoire sur les effets bienfaisants et
sur les effets nuisibles des breuvages alcooliques.
Puis il ajoutait un compte rendu des récompenses
décernées par les partisans de la tempérance.

La Société Philotechnique recevait de lui des
rapports sur l'état de ses finances, sur l'admission
de plusieurs candidats; des notices sur Étienne-
Geoffroy Saint-Hilaire, Lamarck, Cuvier, Blainville, Clovis Michaux, les biographies de Haüy et
de l'abbé de l'Epée ; diverses historiettes, un conte
sur la perruque du philosophe Kant, des observa-
tions sur les quadrumanes, sur les oiseaux répu-
tés nuisibles et sur ceux qui intéressent l'agriculture. Pour la même Société il a analysé le voyage

de Fulchiron en Italie, les Mémoires de l'Académie de Caen, publiés en 1860, le livre de M. Roux-Ferrand, intitulé *les Mœurs champenoises ; le Roi des cavernes*, œuvre de M. Rousset ; *l'Ane glorifié*, de M. Bataillard, *le Livre de l'Homme*, par M. Pertus, *le Livre de l'Amour*, par M. Poisle-Desgranges.

Ses recherches sur le sonnet, aussi ingénieuses que savantes, lui ont attiré un sonnet fort piquant, de M. le général de Montesquiou, auquel il a répondu par une pièce du même genre. M. de Montesquiou ayant dit qu'il avait composé quatre cent soixante-huit sonnets, M. Bourguin s'écrie :

Quatre cent soixante-huit sonnets ! A cette marque
De *Moïse* et d'*Hercule* on reconnaît l'auteur.
Il n'en fallait pas tant pour illustrer Plutarque ;
Qui le sait mieux que vous, son vaillant traducteur ?

En chantant des Hébreux le grand législateur,
Vous en fûtes l'Homère ainsi que le Plutarque ;
Hercule, qui brava les ciseaux de la Parque,
A trouvé chez vous seul un chantre à sa hauteur.

Autour des monuments de votre beau génie,
Vous faites voltiger, dans l'air plein d'harmonie,
Vos sonnets, colibris aux charmantes couleurs.

C'est ainsi qu'alliant la grâce avec la force,
Au pied d'un chêne immense à la rugueuse écorce,
La nature féconde aime à semer des fleurs.

Collaborateur de divers recueils périodiques, M. Bourguin a fourni des articles à *la Ruche parisienne*, à *l'Etoile*, à *la Féerie illustrée*, au *Bulletin* de la Société protectrice des animaux, à *la Semaine religieuse*, aux *Annales* de la Société Linnéenne d'Angers et de la Société d'acclimatation de Paris, aux *Causeries populaires*, à *l'Economiste français*, à *la Mosaïque*, à *la Presse des Enfants*, au livre des sourds-muets et des aveugles, au recueil de l'Alliance universelle.

Sa verve était inépuisable. Tout en multipliant des articles détachés, il a trouvé le temps d'écrire vingt-six ouvrages (1), où il a traité des questions d'histoire naturelle, d'économie, de pédagogie, de morale.

---

(1) Ces ouvrages sont : Fables, 1842 ; Béranger, 1857 ; Etienne Geoffroy Saint-Hilaire, 1858 ; Soyons bons pour les animaux, 1860 ; Monsieur Lesage, 1862 ; Contes pour les grands et les petits enfants, 1863 ; les Oiseaux utiles, 1866 ; Petit livre de morale , 1866 ; l'Art de manger, 1868 ; la Viande de cheval, 1868 ; le Règne animal, 1868 ; les grands Naturalistes français, 1869 ; les Contes du vieux cousin, 1869 ; Auguste Grosselin, 1870 ; Sourds-muets et Aveugles 1870 ; Manuel complet de Phonomimie, 1870 ; les bons Cœurs, 1870 ; Lectures enfantines, 1872 ; Lectures enfantines sur manuscrits, 1872 ; Petite Histoire sainte, 1873 ; le Vicomte de Valmer, 1873 ; les Colombiens. 1874 ; Protection des oiseaux, 1874 ; Grammaire française, 1874 ; Notice sur la Société pour l'enseignement simultané des sourds-muets et des entendants-parlants, 1878 ; Septième session du Congrès international des Sociétés protectrices des animaux, 1878.

Ne pouvant analyser toutes ces œuvres, j'en veux signaler quatre, dont la première se rapporte à l'hygiène, les autres à l'histoire naturelle.

L'Art de manger. Dans seize pages l'auteur explique de quelles substances se compose la nourriture de l'homme, comment il importe à celui-ci de les utiliser pour sa conservation et sa santé.

Le Règne animal. Ce tableau de zoologie, exposé sous la forme d'une conversation entre un maître et ses élèves, fait connaître les principaux habitants de la terre ferme, des airs et des eaux. La conclusion du livre en résume l'esprit. « Le règne animal, dit M. Bourguin, forme une série de groupes, qui s'enchaînent et se dégradent d'après une loi constante. A l'une des extrémités se trouvent placés les animaux les plus parfaits sous le rapport de l'organisation, à l'autre ceux qui sont le moins organisés. Dans l'ensemble gradué de cette grande série éclate manifestement la sagesse du Créateur. La science est donc un chemin qui, à travers la nature, conduit à Dieu. »

Protection des oiseaux. Faire protéger les oiseaux, moins en prouvant leur utilité qu'en les faisant aimer, voilà l'intention d'une brochure de cinquante pages, qui renferme quelques historiettes, dont les héros sont de petits oiseaux ou des personnages s'intéressant à leur bien-être.

M. Lesage ou Entretiens sur les animaux utiles. Président honoraire de la Société protectrice des animaux, M. Bourguin consacrait son talent à répandre les idées de sa compagnie en faveur de nos frères inférieurs. Dans ce supplément à tout livre d'histoire naturelle, l'auteur fait comprendre aux enfants en quelle intimité ils doivent tenir les animaux auxiliaires de l'industrie humaine. Il leur démontre avec quels égards, avec quelle bonté il faut traiter ces bons compagnons.

Puis, voulant amener ses jeunes lecteurs aux pratiques les plus étendues de la charité, il écrit pour eux d'autres livres qui les instruisent des devoirs sociaux. Il sait bien, l'excellent homme, que le meilleur instituteur, le plus habile à enseigner le bien, c'est l'exemple. En conséquence, il prodigue les récits pathétiques, qui charment l'esprit, émeuvent le cœur, et prouvent que la vertu est l'élément le plus efficace du bonheur de chacun pour soi et pour les autres. Voulez-vous être assurés que je ne dis rien de trop sur la valeur et l'importance de tels écrits, lisez ces petits volumes intitulés : *les Contes du vieux cousin, les Bons Cœurs, le Petit Livre de morale*. C'est dans ce dernier surtout que M. Bourguin a récapitulé les sages instructions dont il a voulu nourrir la jeunesse, en lui présentant comme facile et délicieux l'accomplissement des devoirs dictés par l'amour de Dieu, par l'amour des parents, du prochain, de la patrie, du travail, de l'ordre, de la sagesse. Que les familles, que les instituteurs bénissent la mémoire d'un écrivain qui a mis à leur portée les plus sûrs moyens de moralisation applicables aux chers objets de leur sollicitude.

C'est encore avec le désir de favoriser le progrès en matière d'éducation que M. Bourguin s'imposa à lui-même l'étude de la phonomimie, procédé imaginé par M. Auguste Grosselin, à l'avantage des sourds-muets, et également utile à d'autres individus. Tant que vécut l'inventeur, M. Bourguin unit ses efforts à ceux de son ami pour propager l'idée nouvelle. Puis, quand celui-ci eut cessé de vivre, notre confrère voulut le suppléer et en même temps honorer son nom, en publiant une biographie, où l'amitié et la science concourent à faire ressortir les bienfaits d'une création dont le temps fera de plus en plus apprécier la valeur. Dans cet ouvrage, M. Bourguin énumère tous les essais par lesquels M. Grosselin s'appliqua à perfectionner les instruments de travail nécessaires aux premières études ; il fait ressortir les mérites d'un homme qui était son frère en dévouement et en charité. La lecture des pages chaleureuses échappées de sa plume éveille, avec les émotions les plus douces, une même sympathie pour deux cœurs que l'amour du bien faisait battre à l'unisson.

M. Bourguin, tout en écrivant pour la jeunesse, a songé aussi aux hommes qui ont des droits à ses conseils. Poète autant que moraliste, il s'est plu à versifier les fictions que lui a suggérées son infatigable philanthropie. Ici je m'arrête sur ces fables gracieuses mentionnées par M. Berville. Pleines de douceur, d'indulgence, d'encouragement, elles ne sont déparées ni par la satire ni par l'ironie. On peut juger du caractère de ces charmantes compositions en parcourant les réflexions morales dont elles sont accompagnées, et dont je citerai les suivantes :

Je ferais peu de cas d'une philosophie
Qui ne m'eût pas rendu plus juste et plus humain.

Je suis l'ami des animaux :
Pour être aimé d'eux, je les aime.
Sont-ils gais, je suis gai moi-même ;
Souffrent-ils, je ressens leurs maux.

Sans les talents et sans l'esprit,

La Beauté quelque temps peut bien être admirée,
Mais son règne toujours est de courte durée.

Les gens qui font le plus de bruit
Ne sont pas les plus redoutables.

La grâce et le génie
Sont des dons de nature et ne s'imitent pas.

Vertu sans indulgence est bien près d'être un vice.

C'est souvent par orgueil qu'on se raille d'autrui.

Pudeur, grâce, parfum, liens mystérieux,
Unissez à jamais les femmes et les roses.

Le bonheur rejaillit sur celui qui le donne ;
L'amour produit l'amour, le bien produit le bien.

Fi des remèdes ! La santé
S'acquiert et se maintient par la sobriété.

Faire de l'art pour l'art est chose assez futile ;
L'art doit mettre en relief le vrai, le beau, l'utile.

Combien j'aimerais à transcrire ici plusieurs de
ces fables qu'on relit avec tant de plaisir, toutes
parfumées qu'elles sont des fleurs du savoir et de
l'expérience ! Je me bornerai à une seule, à celle
que M. Bourguin récitait volontiers, lorsque des
dames lui demandaient de leur débiter quelques-

uns de ses vers. Que ne puis-je en même temps re-
produire le charme de sa voix et de sa diction, le
sourire aimable dont il accompagnait ses paroles !

LES CHÈVRES ET JUPITER

Tous vos discours, Monsieur, sont ici superflus :
En esprit, en raison, en talents, en vertus,
Notre sexe n'est point inférieur au vôtre ;
    Dieu n'a point soumis l'un à l'autre.
    Vos lois l'ont fait, c'est un abus.
Nous pourrions, comme vous, et mieux que vous peut-être,
Commander dans les camps, prendre place au Sénat,
    Être professeur, avocat,
    Juge, préfet, médecin, prêtre.
Des femmes ont tenu les rênes de l'Etat
En Espagne, en Russie, en Suède, en Angleterre,
Et leurs noms glorieux brillent avec éclat
    Entre ceux des rois de la terre.
Quand Charles sept fuyait, Jeanne d'Arc au combat
    Marcha la première, et la France
A la main d'une femme a dû sa délivrance.
Et combien d'entre nous, prenant un noble essor
    Vers la gloire qu'on nous dénie,
Ont cultivé les arts, les lettres, l'harmonie,
Manié les pinceaux, touché la lyre d'or,
Et mesuré les cieux au compas d'Uranie.
Qui porte en ce moment le sceptre du génie ?
    C'est une femme ! Et vous voulez encor,

Vous arrogeant, Messieurs, un pouvoir sans partage,
    Nous retenir dans l'esclavage !
Vous voulez abaisser, ravaler notre sort
A bercer des marmots, à soigner un ménage !
Où donc est votre droit ? Où ?... dans un bras plus fort !
Droit brutal, tyrannie absurde, manifeste,
    Contre laquelle je proteste.

Madame, permettez qu'à ce raisonnement
Qu'en plus d'un point d'ailleurs je crois fort soutenable,
    Je réponde par une fable :
Elle est courte, et j'aurai fini dans un moment.

Les chèvres, autrefois de cornes dépourvues,
    S'adressèrent à Jupiter :
« Daigne entendre nos vœux, puissant maître des nues,
    Daigne parer nos têtes nues
De ce noble ornement dont le bouc est si fier ;
    L'orgueilleux nous traite en vassales ;
    Dieu propice, arme aussi nos fronts,
    Et nous marcherons ses égales,
    Et nous braverons ses affronts. »
Jupiter exauça leur prière importune,
Mais il leur accorda deux faveurs au lieu d'une :
Aux cornes il joignit le ridicule don
    D'une longue barbe au menton.
    Et les chèvres, toutes honteuses,
Crièrent de nouveau : « Jupiter, dieu clément,
Ne nous inflige pas un si dur châtiment,
Délivre nos mentons de ces barbes hideuses,
    Reprends nos cornes à ce prix. »
Mais le dieu cette fois resta sourd à leurs cris.

Ma fable vous paraît peut-être impertinente,
Madame ; toutefois, en y réfléchissant,
      Au sens moral qu'elle présente
Vous ne trouverez rien qui pour vous soit blessant.
A nous de défricher le champ de la science ;
Dans les camps, au Forum, la lutte à soutenir ;
A nous le triste droit de juger, de punir.
Mais les arts dont le charme embellit l'existence ;
Les écrits dont le cœur dicte seul la substance,
C'est votre lot à vous, sachez vous y tenir.
N'ambitionnez pas nos travaux et nos veilles :
      Vos yeux y perdraient leur douceur,
      Votre teint ses couleurs vermeilles,
      Votre voix son timbre enchanteur.
Il vous faudrait enfin, pour marcher sur nos traces,
Jeter dans le sentier la couronne des Grâces...
      Ah ! n'en faites pas l'abandon !
      Elle vous sied trop bien, Madame ;
      Vous êtes femme, restez femme,
      Ou gare la barbe au menton.

Si parfois, dans ses écrits, M. Bourguin semble se livrer indolemment au laissez-aller du conteur, il se relève ensuite, pour orner ses pensées de toutes les couleurs de la poésie, comme dans ce passage :

C'est pendant les longs soirs amenés par novembre,
Quand ma poitrine en feu, qu'excite un air trop vif,
Me condamne à garder les arrêts dans ma chambre,
Qu'en proie à cet ennui qui ronge tout captif,

Les pieds sur mes chenets, le coude sur ma table,
J'appelle à mon secours la Muse de la Fable.

Mais, dès qu'avril plus doux, aux branches des buissons,
De son souffle attiédi fait fondre les glaçons,
Sitôt qu'au bord du bois a fleuri l'anémone,
Que de ses chatons d'or le saule se couronne,
  Quand, messagère des beaux jours,
  L'hirondelle, à ma cheminée,
Joyeuse, a retrouvé son nid de l'autre année,
Quand l'alouette aux vents raconte ses amours,
Muse, adieu : plus de vers. Disciple de Linnée,
De mes excursions recommençant le cours,
Je visite les bois, les vallons et les plaines.
Il n'est sentier si rude, aux monts de nos Ardennes,
Dont mon pied curieux ne sache les détours.

Pourtant si, fatigué de ma course pédestre,
Vers le déclin du jour, parfois je vais m'asseoir
  Au pied d'un arbre, immense orchestre,
Où mille oiseaux en chœur chantent l'hymne du soir,
Au bruit de leurs concerts si doux à mon oreille,
Ma Muse paresseuse un instant se réveille,
Et mon vers babillard, excité par leurs jeux,
Sautille sur la branche et gazouille avec eux.

Tout fabuliste est, au fond, un philosophe. M. Bourguin a philosophé toute sa vie. Chez lui la sagesse était habitude. L'activité et le travail étaient pour lui des besoins qu'il satisfaisait en toute conscience. Dès cinq heures du matin, il pre-

nait la plume qu'il ne quittait que pour deux mo-
tifs, ou pour faire de la gymnastique de chambre,
comme mesure d'hygiène, ou pour chercher dans
la marche le complément d'un exercice nécessaire.

Hors de chez lui, il s'acquittait de ses engage-
ments envers les sociétés savantes auxquelles il
était attaché, ou bien il allait aux amitiés qui l'ac-
cueillaient avec joie. Heureux qui pouvait nouer
avec lui un entretien sur les sujets dont se préoc-
cupait son intelligence ! M. Bourguin passait vive-
ment du grave au doux, du plaisant au sévère. En-
joué ou sérieux, il n'avait jamais à la bouche ni
critique malveillante, ni amère raillerie. Il s'ou-
bliait, pour donner l'avantage de la conversation à
son interlocuteur. Il avait toujours des éloges pour
les grandes idées et pour les nobles actions, des
paroles indulgentes pour les faiblesses. Jamais de
trivialité, rien non plus de solennel. Quoique toujours simple, il voyait de haut toutes les questions.
Souriant aux préjugés, aux propos emphatiques,
aux superstitions, élevant son âme au-dessus des
passions et des intérêts, familiarisé avec l'idéal du
divin, il pratiquait cette maxime énoncée par lui-
même :

Mieux vaut la douce erreur qui fonde et qui conserve
Que la froide raison qui sape et qui détruit.

Dans son style vous retrouvez tout l'homme, vérité que justifient les œuvres de M. Bourguin. Le lire, c'est, en quelque sorte, le revoir, l'étudier, le connaître.

Vous savez combien il aimait les animaux innocents, dont il se faisait aimer lui-même. Ecoutez comment il leur parlait en prose :

Quand la première hirondelle est de retour, avec quel bonheur je la salue du cœur et de la main !

Sois la bienvenue, aimable messagère du printemps ! Fidèle à revenir aux lieux qui t'ont vue naître, tu entreprends, chaque année, un long et périlleux voyage En moins d'une semaine, tu as fait le trajet des contrées brûlantes du Sénégal à la France. Va, pour te délasser, effleurer du bout de ton aile et sillonner de ta poitrine la calme surface de la rivière. Que les vapeurs légères, qui s'élèvent sans cesse des eaux, soient un bain fortifiant pour tes membres fatigués!

Tu as déjà reconnu le nid qu'il y a trois ans tu suspendis dans un angle de ma cheminée ; tu l'as purgé des insectes qui l'avaient envahi, et tu te prépares à le réparer, à le consolider.

Je vais donc encore, après le coucher du soleil, voir tes sœurs et toi, reines capricieuses de l'air, entrelacer sans fin, d'un vol que rien ne lasse, le réseau de mille courbes gracieuses ; je vous verrai vous poursuivre, vous fuir, en poussant de petits cris de joie, comme des enfants dans leurs jeux ; et pensif, j'attendrai, pour quitter ma fenêtre, que vous ayez toutes disparu.

Et quand, aux approches du temps froid, vous vous réunirez, dès le matin, pour gazouiller et vous concerter sur le départ; quand vous nous quitterez pour retourner vers les climats favorisés par le soleil, vous me ferez penser au grand voyage que, vieillard, j'aurai bientôt à faire vers la céleste patrie.

Puissé-je, à votre exemple, m'y préparer en gazouillant un hymne intérieur de reconnaissance pour le bonheur dont il m'a été donné de jouir ici-bas, et d'espérance pour celui que j'attends dans un monde meilleur !

Vous savez aussi par quels sentiments il se faisait également aimer des hommes. Vous les retrouvez dans cette méditation de ses dernières journées.

Déjà jusqu'au sommet j'ai gravi la colline,
Et voici devant moi le côté qui décline.
Doux soleil du printemps, bois sombres, frais ruisseaux,
Grands arbres du chemin tous pleins de nids d'oiseaux,
Souffles capricieux, dont les tièdes haleines
Courbaient et relevaient les blonds épis des plaines,
Moelleux tapis des prés, beaux fruits, brillantes fleurs,
Flots murmurants, rayons, chants, parfums et couleurs,
Mes yeux indifférents et mon âme distraite,
Dans les sentiers nouveaux qu'à fouler je m'apprête,
Ne vont-ils plus sur vous s'arrêter désormais ?
Deviendrai-je infidèle à tout ce que j'aimais ?
Vais-je enfin t'adorer, Veau d'or, toi que naguères
Je méprisais, dieu vil des natures vulgaires ?

Non, non ; gardez pour moi votre charme vainqueur,
Beautés de la nature et sentiments du cœur :

Qu'à l'aspect d'une fleur, d'un enfant, d'une femme,
Toujours un chant de joie éclate dans mon âme !
Près du pauvre blessé, gisant dans le chemin,
Que je ne passe pas sans lui tendre la main !
Que le rayon divin de ta lampe, ô Sagesse,
Eclaire doucement le soir de ma vieillesse !
Puissé-je enfin, gardant ma foi jusqu'au tombeau,
Croire toujours au bien, croire toujours au beau !

Ne pensez-vous pas encore qu'il se perpétuera longtemps le souhait de notre poète formulé ainsi :

Mon but, ou mieux encor, mon vœu, c'est d'être mis
Au nombre des auteurs amis,
Qu'on lit, l'été, sous la charmille,
Et dans les soirs d'hiver, près de l'âtre, en famille.

Enfin ne lui enverrez-vous pas dans l'autre vie, où il goûte la récompense du bien qu'il a fait sur la terre, l'expression de votre reconnaissance pour cet adieu si touchant qu'il vous adresse ?

Sans doute il vous souvient, lecteur, de ce bien-être
Qu'en voyageant à pied l'on goûte quelquefois,
Par un temps lourd d'automne, aux approches d'un bois ;
Quand un air frais et vif tout à coup vous pénètre,
On ne sent plus alors le besoin du repos.
Le pas est plus léger, l'esprit est plus dispos,
On respire à son aise, on est heureux de vivre.
Même effet se produit quand on lit un bon livre.
Des pages que l'on tourne, il monte par moment

Comme un souffle imprégné de la senteur des chênes,
Souffle pur qui, bien loin chassant ennuis et peines,
Rend le front plus serein et le cœur plus aimant.

Que je serais heureux si j'avais su produire
En vous, ami lecteur, en vous, lectrice aussi,
Vous dont la sympathie est mon plus cher souci,
La saine impression que je viens de décrire ;
Si j'avais su, non pas dans vos âmes graver,
(Car ils y sont tracés par un burin suprême),
Mais en vous seulement réveiller, raviver
Le sentiment si doux qui fait que l'on s'entr'aime,
L'amour de ce bonheur que l'on porte en soi-même,
L'espérance en la vie au delà du tombeau,
La passion du bien, la passion du beau,
Puis une autre vertu, trop rare dans l'usage,
La Modération, ce bon esprit du sage,
Qui croit que la partie est préférable au tout,
Et que, pour le bonheur, peu vaut mieux que beaucoup !

Pour moi qui aurais désiré remplir avec plus de succès la tâche que j'ai entreprise, je m'abstiens, en finissant, d'insister sur l'éloge d'un homme que tous, confrères, amis, parents, avons aimé et honoré. Il me suffit de lui appliquer les paroles sorties de sa conscience :

Quand l'auteur a cessé de vivre,
Son âme embaume encor les pages de son livre.

2.

ÉLOGE FUNÈBRE

DE

M. BOURGUIN

M. Bourguin, outre ses vertus privées dont jouissaient tous ses amis, avait une qualité particulièrement précieuse pour la Société Philotechnique. Il l'aimait en elle-même comme dans chacun de ses membres. Censeur de ses finances, jaloux de sa renommée, préoccupé de ses développements, s'intéressant à chacun de ses confrères jusqu'à étudier son passé littéraire ; il rappelait sans cesse au secrétaire perpétuel les antécédents que celui-ci pouvait ignorer, et il l'aidait de ses recherches, le conseillait de son expérience, dans la tâche de rapporteur des travaux semestriels, comme dans celle d'apologiste des confrères.

M. Bourguin, après avoir été un magistrat intègre et consciencieux, commença ses publications par des œuvres délicates de morale populaire. Comme poète et comme écrivain, il avait des mérites que chacun a pu apprécier. Ses fables, écrites, chose rare, plutôt au point de vue des animaux que des hommes, s'appliquaient avant tout à peindre le peuple des bêtes dans la réalité de ses mœurs, et non exclusivement dans sa ressemblance avec certains caractères de nos sociétés. Ces fables charmantes sont donc véridiques ; rien de faux, rien d'exagéré, rien d'amer n'y trouble la sérénité de l'inspiration et la grâce du style. Elles sont spirituelles, sans être satiri ques ; la morale en est pure, sans être trop rigide. On voit qu'elles sont composées par un ami des animaux, par un ob- servateur aussi patient que profond, qui cherche la vérité e t se réjouit quand il l'a trouvée. Aussi bien, s'il l'avait voulu, M. Bourguin eût facilement conquis un rang distingué parmi nos naturalistes. Son analyse des œuvres de Lamarck, Cuvier, Geoffroy Saint-Hilaire et Blainville, en fait foi. Mais sa sin cère modestie, son respect pour les maîtres de la science, son doute sur ses propres talents que lui seul ignorait, ne lui ont permis que de faire une suite de petits tableaux, dont quel ques-uns sont de vrais chefs-d'œuvre. Il avait particulièrement étudié les oiseaux, et nous nous souviendrons sans cesse que, peu de jours avant sa mort, il nous lisait, avec un attendris sement tout intime, une sorte d'apologie de l'alouette, qui monte vers le ciel en chantant, à sa manière, les bienfaits de la nature et les bienfaits du soleil, comme l'âme de l'auteur, aussi pure et aussi naïve, a dû voler vers Dieu, en chantant les merveilles de la création.

JULES DAVID,

Secrétaire perpétuel de la Société Philotechnique.

NOTE

SUR

LA SOCIÉTÉ PHILOTECHNIQUE

DE PARIS

L'existence de la Société Philotechnique date de 1795.

L'idée de sa fondation est due à un auteur dramatique, nommé Hector Chaussier, qui, s'étant d'abord adjoint quelques amis pour publier un *Journal des Arts*, forma ensuite avec d'autres écrivains une association qui prit immédiatement le titre de *Société Philotechnique*.

Il fut décidé qu'elle comprendrait trois sections attribuées aux lettres, aux sciences et aux arts.

Cette Société eut l'heureuse fortune de se composer à son début d'hommes éminents, dont plusieurs appartenaient déjà, ou devaient plus tard appartenir aux Académies qui constituèrent l'Institut de France.

Le présent n'a pas dégénéré du passé. En effet, si dans son sein la Société Philotechnique a possédé successivement Cuvier, Lacépède et Fourcroy ; Desaix, Moreau et Kléber ; Degérando, Gohier et François de Neufchâteau ; Ducis, Andrieux et Gabriel Legouvé, Martini, Méhul et Kalkbrenner ; Redouté, Ingres et Chaudet, etc., etc.; elle a compté dans ces derniers temps parmi ses membres, à côté d'autres notabilités, les Villemain, Casimir Delavigne et Pongerville ; les Ponsard, Samson, Viennet, Philippe Dupin, Troplong et Cournot, etc., etc.

A la fin de cette note, on trouvera les noms des membres qui, maintenant, par leurs travaux de tous les jours, s'attachent à maintenir la Société Philotechnique dans la position éminente qu'elle s'est faite.

Le règlement les invite à communiquer aussi souvent que possible les sujets de leurs études dans les réunions particulières du soir, fixées aux 2, 12 et 22 de chaque mois. Les pièces en vers et en prose qui obtiennent le plus de suffrages sont destinées à être lues dans les deux séances publiques, de printemps et d'automne.

De 1795 à 1881, on compte 174 de ces séances, la première ayant eu lieu le 6 novembre 1796.

Au commencement de chacune, le secrétaire perpétuel expose un compte rendu des travaux du semestre. Les rapports de cette sorte n'ont été imprimés qu'à partir de 1830. Plus tard, accompagnés des morceaux soumis au jugement du public, ils ont été renfermés dans un Annuaire de format in-18, remplacé en 1875 par le format in-8°, qui est celui de toutes les sociétés savantes.

L'Annuaire est régulièrement échangé avec les Annales de nombreuses Compagnies littéraires et scientifiques, soit en France, soit à l'étranger. De ce recueil sont écartées les discussions religieuses ou politiques.

Accueillie à son origine par les pouvoirs publics avec la plus honorable sympathie, la Société a été reconnue établissement d'utilité publique en 1861.

Dans les séances solennelles, une place importante est attribuée au discours du secrétaire perpétuel. Les noms des hommes distingués et dévoués qui jusqu'à présent ont été avec ce titre les interprètes de leurs confrères, sont conservés avec reconnaissance, et la Société n'oubliera jamais les services rendus par MM. Hecquet, Lavallée, Lachabaussière, Merville, Villenave, Léon Thiessé, Ladoucette, Berville, Mongis, Paringault, Jules David, ce dernier actuellement en exercice.

Les réunions particulières se tiennent à huit heures du soir, à la Mairie du deuxième arrondissement, où sont conservées les archives avec les ouvrages des sociétaires, les mémoires et tous les livres adressés à la Compagnie. Ceux-ci sont l'objet d'examens et d'analyses que font des rapporteurs pour en signaler l'importance et les mérites.

La Société se compose de membres résidants, dont quelques-uns sont associés libres ou honoraires. Elle entretient des relations avec de nombreux correspondants nationaux et étrangers, dont l'admission est soumise à la justification de titres sérieux. Elle reçoit à ses séances privées les personnes qui désirent lui faire des lectures. De temps en temps, elle met au concours des sujets qui doivent être traités en prose ou en vers. Grâce à des libéralités venues de divers côtés, elle a pu, à plusieurs reprises, décerner des prix à d'heureux concurrents.

La devise que porte l'Annuaire caractérise la vitalité d'une Association où chacun répète ces mots de Cicéron à Atticus :

Vita sine litteris mors est.

E. LOUBENS.

MEMBRES RÉSIDANTS

MM.

ABADIE (O. ❋), architecte, inspecteur général des édifices diocésains, membre de l'Institut (Académie des Beaux-Arts).

AMELINE, littérateur.

AUMALE (duc d') (G. C. ❋), général de division, membre de l'Institut (Académie française).

BAILLY (Jules) (A. ❀), littérateur.

BATAILLARD (Charles), membre de la Société des Antiquaires de France.

BEAUMONT (H. de), littérateur.

BEAUVOIR (le marquis de) (❋), littérateur.

BELLANGER (Justin), littérateur.

BIRAN (Elie de) (A. ❀), littérateur.

BONNERY (Raoul) (A. ❀), littérateur.

BRÉGUET (❋), membre du bureau des longitudes, membre de l'Institut (Académie des Sciences).

BOUGUEREAU (O. ❋), peintre, membre de l'Institut (Académie des Beaux-Arts).

CAMOIN DE VENCE, (✠), littérateur.

CARISTIE-MARTEL, littérateur.

CARRA DE VAUX (le baron) (❋), juge honoraire au tribunal civil de la Seine.

CARVALLO (Jules), ingénieur.

CAPTIER, littérateur.

CHASSA (Alphonse), littérateur.

COCHIN, littérateur.

CORROYER, architecte du gouvernement.

DAVID (Jules) (❋ ✠ ❋), maître ès Jeux floraux, *secrétaire perpétuel.*

DIDRON (Edouard), peintre.

DUFOUR, littérateur.

GAUGUET (Elie) (A. ❀), littérateur.

GUILLAUME (C. ❋), statuaire, membre de l'Institut (Académie des Beaux-Arts).

HOUSSAY (Frédéric), littérateur.

JORET-DESCLOSIÈRES, avocat à la cour d'appel de Paris.

JULIEN, architecte.

KERTANGUY (de), littérateur.

KONSKI (de), compositeur de musique.

LAPOMMERAYE (Henri Berdalle de) (❋), littérateur.

LESSEPS (comte Ferdinand de) (G. C. ❋), ministre plénipotentiaire de première classe, membre de l'Institut (Académie des Sciences).

Levavasseur, littérateur.
Loubens (Ferdinand) (A. ), littérateur.
Moïana, littérateur.
Montini, littérateur.
Paturaud-Toby, compositeur de musique.
Pérignon (O. ✳), peintre.
Pertus (Casimir) (A. ✳), littérateur.
Picard (Germain), littérateur.
Pittié (C. ✳), général, secrétaire de la présidence de la République.
Sage (Auguste), peintre.
Savoye, docteur-médecin.
Tiercelin, avocat.
Trogoff (comte de), littérateur.
Viel-Castel (le baron Louis de), (C. ✳), ancien diplomate, membre de l'Institut (Académie française).
Wiesener (✳), littérateur.

ASSOCIÉ LIBRE

M.

François (Alphonse) (O. ✳), conseiller d'Etat honoraire.

MEMBRES HONORAIRES

MM.

Ballande, littérateur.
Bertrand (Ernest) (O. ✳), conseiller à la cour d'appel.
Blanche (Alfred) (C. ✳), conseiller d'Etat honoraire.
Boulatignier (C. ✳), ancien président de section au conseil d'Etat.
Doucet (Camille) (G. O. ✳), membre de l'Institut, secrétaire perpétuel de l'Académie française.
Girard (Ernest) (✠), peintre de la cour d'Espagne.
Lévesque (Alfred) (✳), juge au tribunal civil de la Seine.
Loubens (Emile) (✳ A. ✳), littérateur.
Malapert, avocat.
Roux-Ferrand (✳), sous-préfet honoraire.

Paris. — Imprimerie de Charles Noblet, 13, rue Cujas. — 9003.

A LA MÊME LIBRAIRIE

MONSIEUR LESAGE, ou Entretiens d'un instituteur avec ses élèves sur les animaux utiles et sur l'hygiène, par L. A. Bourguin, officier d'Académie, président honoraire de la Société protectrice des animaux à Paris. 26ᵉ édition. Ouvrage dont l'introduction dans les établissements d'instruction publique est autorisée par décision de M. le ministre de l'Instruction publique.

1 vol in-12, cart . . . . 1 fr.

PETIT LIVRE DE MORALE, en préceptes et en exemples, par le même. Nouvelle édition.

1 vol. in-12, cart . . . . 0 fr. 80

Amour de Dieu, — amour des parents, — amour des frères et sœurs, — amour du prochain, — amour de la patrie, — bienveillance envers les animaux, — amour du travail, — amour de l'ordre et de la propreté, — préceptes et règles de conduite : telles sont les divisions de l'ouvrage. En traitant des devoirs, l'auteur ne prend pas ce ton dogmatique qui répugne tant à l'enfance; mais il appuie toutes ses leçons sur des anecdotes empruntées à la vie réelle et propres à faire ressortir pratiquement la beauté de la vertu.

Un grand nombre d'écoles de garçons et de filles ont adopté le « Petit livre de Morale, » comme livre de lecture courante, dans leur divisions élémentaires.

LA SCIENCE A L'ECOLE. Le règne animal, par L. A. Bourguin, membre de la Société philotechnique, de l'Académie de Reims.

1 vol. in-12, br. 1 fr. 50

L'auteur a pour but d'initier les élèves aux éléments des sciences naturelles, au moyen de lectures fort attrayantes sur les divers animaux du globe. Ces lectures seront fort utiles à ceux qui se destinent à l'agriculture; elles le seront également aux autres, parce qu'elles forcent à bien voir ce qu'on regarde.

L'auteur suit pas à pas les différentes branches de la zoologie, c'est-à-dire du règne animal, en donnant, sous une forme intéressante, les détails qui concernent chaque individu. L'homme, les singes et les autres mammifères, les oiseaux avec leurs différentes variétés, les reptiles, les nombreuses espèces de poissons, les divers genres d'insectes qu'on est exposé à rencontrer dans la nature, sont traités avec tous les détails suffisants.

FABLES, par A. L. Bourguin, membre de la Société philotechnique, de l'Académie de Reims. 5ᵉ édition.

1 vol. in-12, br.; orné de gravures . . . . 1 fr. 50

Excellent livre, dont l'éloge n'est plus à faire. L'auteur a composé un grand nombre de fables; il en a emprunté aux grands fabulistes, Esope, Phèdre, Lessing, Yriarte, etc.; il a traduit plusieurs pièces de Schiller et de Gœthe.

Paris. — Imp. de Ch. Noblet, 13, rue Cujas. — 1882